AF359937

LE PORTUGAL

Marcel LE GRAND

LE PORTUGAL

NOTICE HISTORIQUE
STATISTIQUE & COMMERCIALE

AU POINT DE VUE

Du Développement de ses Relations

avec la France

FÉCAMP

IMPRIMERIES RÉUNIES L. DURAND ET FILS

1895

SOMMAIRE

I

PRÉCIS HISTORIQUE

Précis historique

Dans cette esquisse sur le Portugal, sa situation présente et son avenir, il n'est pas inutile, sans, pour cela, remonter à l'époque lointaine où l'extrémité la plus occidentale de la péninsule hispanique se nommait Lusitanie, de jeter un coup d'œil sur l'histoire du passé, si brillant, si mouvementé, du peuple Portugais, célèbre à travers les âges par son agilité et sa bravoure.

Le nom de Portugal n'apparaît dans l'histoire que vers 950, époque à laquelle les Maures perdirent Lisbonne, encore ne donnait-on le nom de *Portucalia* qu'au territoire voisin de *Portus calle* (Porto), qui correspond à peu près à la situation géographique occupée aujourd'hui par la province de Minho.

Un demi siècle après paraît le gouvernement chrétien de *Porto calle*, soumis au roi de Léon et de Castille, seule partie du Portugal actuel qui n'appartint pas aux musulmans. Ce n'est que sous le règne d'Alphonse Henriquez, fils d'Henri de Bourgogne, qui peut être considéré comme le premier roi de Portugal, quoi qu'il n'eut que le titre de comte, que ce nouvel Etat réclama son autonomie.

Après de jolis succès contre les musulmans, Alphonse se vit proclamer roi par ses soldats. Fort de l'appui que lui donnait le Pape en le reconnaissant comme tel, il obligea le roi de Castille à reconnaître son indépendance.

Désormais, la dynastie des souverains du Portugal est fondée et, plus heureuse que la généralité des familles régnantes d'Europe, la maison de Bourgogne verra, sous trois branches différentes (la branche directe, la branche d'Aviz et la branche de Bragance), ses descendants se succéder sur le trône, sans que l'usurpation ou les révolutions ébranlent son prestige ou diminuent son autorité.

Il y a, dans l'histoire de chaque peuple, une époque néfaste : la France a eu à subir, pendant de longues années, l'oppression anglaise ; le Portugal tomba sous la domination espagnole en 1580 et la souffrit pendant soixante ans.

C'est peut-être à cette époque que les Portugais montrèrent la plus héroïque énergie et la plus fine patience. Ils attendirent longtemps le moment opportun de secouer le joug. De telles tentatives doivent réussir du premier coup, sous peine, pour le pays, de perdre à jamais l'espoir d'en retrouver l'occasion.

Il se présenta en 1640, à propos d'une révolte en Catalogne.

La cour d'Espagne crut devoir faire marcher la noblesse portugaise contre les Catalans, et la convoqua à cet effet. C'est alors que les principaux seigneurs portugais ourdirent leur complot. Ils s'emparèrent du gouvernement de la vice-reine Marguerite de Savoie, jetèrent par la fenêtre son secrétaire d'Etat et proclamèrent roi le duc de Bragance, Jean IV, qui fut reconnu, en huit jours, par tout le Portugal.

Dès 1385, sous le règne de Jean Ier, dit le Bâtard, les Portugais commencent à entreprendre ces grandes expéditions maritimes qui, pendant longtemps, alimentèrent la gloire du pays et proclamèrent aux quatre coins du globe les exploits hardis et les fabuleuses expéditions de leurs aventureux navigateurs.

Gonzalès Zasco et Tristan Vaz découvrent les îles Madère, en 1418; l'année 1427 voit la fondation d'un établissement aux Canaries, et l'année 1432 la découverte des Açores.

Sous Alphonse Ier, Alcazar, Arzilla, Tanger, tombent au pouvoir des Portugais; Denis Fernandez découvre, en 1443, le Cap Vert, le Sénégal, la Gambie et le Rio Grande; Pierre de Cintra, en 1446, la Guinée; Jean de Santarem et Pierre Escobar abordent la côte d'Or et passent l'Equateur; Fernando Pô, en 1472, les îles Saint-Thomas, du Prince, d'Annobon et de Ferdinand-Pô.

Sous Jean II, le Grand Diego Cano découvre le Congo ; Aveiro, le Bénin ; Barthelmy Diaz, le cap des Tourmentes.

Emmanuel le Fortuné voit son règne illustré par une foule de grands hommes : Vasco de Gama, qui double le cap de Bonne-Espérance ; Cabral, qui aborde le Brésil en 1500 ; Corteval, Terre-Neuve et le Labrador ; Albuquerque, Zanzibar ; Abren, qui pénètre jusqu'aux Moluques ; Andrade, qui, le premier, atteint la Chine par mer; Corres, qui touche à Nartaban. Combien d'autres noms à citer et des plus célèbres, mais dont la longue nomenclature dépasserait le plan proportionnel de cette étude.

A cette époque, les Portugais étaient maîtres de tout le commerce de l'Orient, les Vénitiens étaient supplantés, nul peuple ne pouvait rivaliser avec eux, leur marine était sans rivale et leurs marins étaient les premiers du monde.

Peu à peu l'influence anglaise se fit sentir, son trafic la mit en rapport constant avec le Portugal, et, désormais, la question d'intérêt cimente leurs relations. Bien plus, malgré une sympathie naturelle, qui prend sa source dans les origines mêmes, la France et le Portugal, que la communauté d'idées, d'aspiration, d'intérêt même devrait unir, s'éloignent l'une de l'autre. Les guerres de l'empire vont accentuer cette scission pour un temps heureusement court, mais, néanmoins, suffisant pour que l'adroite politique anglaise en profite et s'implante de telle façon dans la Péninsule que toutes les transactions commerciales soient entre ses mains.

Il y a là, du côté français, une grave imprudence et une négligence d'étourdi qu'on ne saurait trop regretter, car les deux pays en déplorent la conséquence.

L'histoire du Portugal, depuis la proclamation de l'indépendance du Brésil, en 1822, est trop connue pour qu'il soit nécessaire d'en parler ; qu'il me suffise de rendre en passant un hommage respectueux à la mémoire du Roi Louis Ier, dont le règne inaugura une ère de prospérité.

Ce prince, également éclairé et libéral, s'attacha à améliorer la situation financière de son pays, à abolir les monopoles, à créer de nombreuses voies de communication, à faire jouir son peuple de tous les bienfaits de la liberté. N'oublions pas que le Portugal, traversant à certaine époque une passe difficile, le roi Louis demanda spontanément la réduction de la liste civile.

Ce fut un bon roi, qui conserva intactes les traditions de sa famille.

II

SITUATION ACTUELLE

II

Situation actuelle

Le Royaume de Portugal est aujourd'hui placé dans des conditions exceptionnelles pour développer ses ressources intérieures. Au milieu du formidable armement qui met la meilleure partie du peuple des grandes nations sous les armes, il peut évoluer sans souci des attaques, la paix armée des autres garantissant sa tranquillité, et sa situation géographique le mettant à l'abri des invasions pouvant résulter d'une déclaration de guerre entre les grandes puissances.

L'Angleterre, par ses exigences, son égoïsme, sa fièvre d'accaparement, s'est rendue impopulaire en Portugal ; ce serait peut-être le moment

pour la France de la supplanter et de profiter de
la résolution des Portugais de rompre leurs relations commerciales avec elle, en important chez
eux ce qu'ils avaient coutume d'acheter aux
Anglais.

Malheureusement, le commerce français mon-
tre rarement de l'empressement, et pourtant,
l'exemple d'un des rares Français venus en
Portugal devrait en entraîner d'autres. Celui-ci,
qui représentait les industries rouennaises, a
obtenu de nombreuses commandes, en faisant
quelques concessions qu'il n'aurait jamais consen-
ties par correspondance, mais auxquelles il a
acquiescé quand il a compris quels avantages il
en tirerait plus tard, l'Angleterre important en
Portugal pour plus de quinze millions de coton-
nades par an. Il ne suffit pas de parler d'affaires,
il faut y aller pour en faire.

Le commerce général du royaume s'élève à
plus de 460 millions annuellement. Sur ce chiffre,
270 millions représentent l'importation, 190 millions l'exportation. C'est insuffisant, mais tous
s'accordent à accuser l'Angleterre d'empêcher
toute production et tout développement depuis le
néfaste traité de 1703.

Celle-ci tient en mains la presque totalité du commerce d'exportation, et c'est vraiment regrettable pour le Portugal et pour la France. En 1888, dit M. Giacasdy, « l'Angleterre a importé « en Portugal des marchandises pour le chiffre « énorme de 104,856,138 francs, tandis que la « France n'importait, pendant le même temps, « que 27,691,195 francs. Ce sont là des données « officielles fournies par la statistique. Les « Anglais font de la verrerie et de la céramique « pitoyables ; ils en livraient au Portugal, en « 1888, pour 10,743,241 francs, tandis que nous « en expédiions pour 1,766,190 francs. »

A de rares exceptions près, nous sommes battus par les Anglais et les Allemands sur des produits où nous leur sommes supérieurs, et on n'achète pas les nôtres par ce qu'on ne les connaît pas et que nous ne nous donnons pas la peine de les offrir.

III

AGRICULTURE

Bon nombre de jeunes gens intelligents et d'hommes pratiques s'appliquent aux améliorations agricoles qui doivent augmenter la production et la rendre meilleure.

La culture de la vigne est une des grandes sources de la richesse agricole du Portugal.

Dans toutes les provinces du continent et dans les archipels des Açores et de Madère, on récolte du vin pour la consommation du pays et pour une large exportation. Le sol produit une telle variété de crûs, qu'aucun autre pays de l'Europe ne peut en offrir de pareille.

La région viticole la plus importante est celle de Douro qui produit les vins de Porto, universellement réputés.

Le Nord du royaume produit les vins froids, d'un goût un peu âpre, et aussi des vins fins.

La région de Bairada produit d'excellents vins blancs et rouges, assez semblables, comme goût, à ceux du Midi de la France ; on peut citer encore les crûs de Caramati qui ressemblent en vieillissant aux vins de Porto.

Au Sud du Tage, nous trouvons les vins de Larradio, très répandus dans le commerce, puis les vins de l'Algarve, capiteux et très fins.

L'exportation des vins portugais prend des proportions considérables ; il n'est pas un pays au monde qui n'en fasse consommation.

L'industrie des bestiaux, particulièrement des espèces bovine, chevaline et porcine, est devenue une grande source de richesses depuis que les éleveurs et les agriculteurs se sont décidés à créer des prairies artificielles, indépendamment des pâturages naturels permanents.

La culture du tabac, autorisée seulement dans les îles adjacentes, rapporte commercialement, chaque année, 20 millions au Trésor.

Citons encore la fabrication de l'huile, branche importante de l'industrie agricole, la culture du lin, l'élevage du ver à soie, dont les étrangers recherchent la graine, à cause de sa bonne qualité.

En dehors des colonies qui, en Portugal, ont toujours préoccupé l'imagination par l'avenir riant qu'elles semblent promettre, la richesse du territoire métropolitain sera désormais, pour la nation, l'objet d'un culte de tous les instants. L'expérience leur a démontré ce qu'ils en pouvaient tirer avec peu de travaux, et les résultats ne se sont pas fait attendre.

De grandes destinées commerciales sont réservées à ce peuple laborieux.

IV

SITUATION FINANCIÈRE

IV

Situation financière

Voici la situation financière du Portugal telle que l'établit la longue étude qui précède le décret autorisant le recouvrement des impôts et leur application aux dépenses de l'Etat, pendant l'année 1894-95.

Le ministère a prorogé depuis plusieurs mois la réunion des Cortès ; cette mesure a failli causer quelques troubles, mais il faut reconnaître qu'elle était nécessaire.

Le malheur de notre époque, et cette constatation n'est point particulière au Portugal, tous les pays en souffrent, c'est que le premier venu se croit à même de donner, sur la conduite du Gouvernement, une opinion qu'il se persuade aisément être le sens même du vrai, et cette opinion, étant donnée la nature contrariante de l'humanité, est toujours une critique des actes du dit Gouvernement.

Cette sottise, il suffit qu'on l'imprime pour que la longue théorie des moutons de Panurge emboîte le pas du premier aboyeur et lui donne raison, simplement parce qu'il critique.

On sait que la foule n'a jamais grand bon sens. Prenez chacun des individus qui la composent en particulier, causez avec eux, donnez-leur des arguments, si vous ne les persuadez pas, du moins obtiendrez-vous d'eux un peu d'attention et quelque sagesse dans l'opposition; mais si vous vous attaquez à tous réunis, vous crierez dans le Désert. Encore serez-vous heureux s'ils ne vous malmènent pas.

Un journal financier belge, *Anvers-Bourse,* qui fait autorité dans la matière, résume ainsi l'exposé des motifs qui précède le décret autorisant le recouvrement des impôts :

Le Gouvernement, qui s'est voué à la tâche difficile de restaurer les finances du pays, n'a pas voulu être entravé dans sa mission par les luttes politiques, et, sans écouter les objurgations des uns et les protestations des autres, il a continué à gouverner sans l'aide de la représentation nationale.

L'année financière se terminait cependant le 3o juin et la perception des recettes, autant que leur application aux dépenses courantes, ne pouvaient subir d'arrêt ; c'est alors que les ministres, après avoir exposé la situation au Roi, lui ont demandé d'autoriser par décret ces dépenses et ces recettes, en attendant que le pouvoir législatif se prononçât sur les unes et sur les autres.

Après avoir reconnu que cette mesure est anormale, mais que la situation ne l'est pas moins, l'exposé des motifs fait un historique des gros embarras avec lesquels le Portugal s'est trouvé aux prises dans ces derniers temps.

Il est certain que ces événements ont agi sur la situation économique du pays et ont augmenté les difficultés des gouvernants.

Les ministres ont alors pris une résolution active : ils ont cherché à liquider définitivement une situation périlleuse en rétablissant le fonctionnement régulier des forces productives du pays. Ils n'ont point fait acte de dictateurs, n'ayant pas frappé de nouveaux impôts, ni augmenté les anciens, ils n'ont pas grevé

S'il y a eu des sacrifices, on a obtenu un résultat devant lequel il faut s'incliner.

Pour l'année 1893-94, le même fait se produit. On n'a encore que les chiffres apurés des sept premiers mois ; mais pour cette période, les recettes dépassent de 4.403 : 000 000 reis celles de 1891-92 et de 3.454 : 000 000 reis celles de 1892-93 ; nous trouvons la même proportion dans le chapitre des dépenses.

Le Gouvernement en conclut que, si, grâce aux sacrifices consentis, le déficit qui était de 14.589 : 301 472 reis en 1891-92 a pu n'être que de 7.318 : 486 945 reis en 1892-93, il ne sera que de 1.500 : 000 000 reis en 1893-94.

La situation de la dette extérieure subira du même coup une transformation.

De plus, ce qui démontre une amélioration réelle dans les affaires, et un développement imprévu du commerce, c'est l'augmentation des recettes douanières.

Ces recettes, qui s'élevaient en 1890-91 à 20.385 : 805 310 reis et descendaient en 1891-92 à 14.720 : 234 538 reis, se sont relevées à 15.467 : 172 131 reis en 1892-93. Pour l'exercice suivant, l'augmentation promet d'être plus sensible encore.

En prenant les recettes qui, d'après la loi du 19 mai 1893, doivent être affectées à la dette extérieure et dont nous n'avons les chiffres apurés que de juillet à avril, nous trouvons, pour ces dix mois des cinq dernières années :

1889-90...........	10.599 : 627 118
1890-91...........	10.313 : 034 208
1891-92...........	8.690 : 554 377
1892-93...........	8.909 : 124 838
1893-94...........	10.281 : 207 901

Les créanciers étrangers sont donc tranquilles, leur participation est assurée et leurs intérêts sauvegardés.

Quand même les recettes ne seraient pas supérieures à celles des mois correspondants de 1893, il faudrait ajouter aux 10.281 : 207 901 reis, déjà acquis, 1.914 : 000 000 reis de droits d'importation, et 55 : 000 000 reis de droits d'exportation, soit en tout 12.250 : 000 000.

Il y aurait donc un excédent de 850 : 000 000 reis sur les 11.400 : 000 reis, qui permettraient une distribution de 425 : 000 000 reis.

V

BUDGET

V

Budget

Le budget pour l'exercice 1893-94 a été ainsi établi :

RECETTES

Impôts directs............. 11.020.430 milreis
qui se répartissent ainsi :
Impôt foncier 3.107.000
Impôt sur les ban-
ques.......... 168.300
Impôt sur l'indus-
trie........... 1.170.000

A Reporter... 11.020.430 milreis

Report... *11.020.430* milreis

Les loyers de mai-sons...........	508.100
Les intérêts......	432.800
Les grâces.......	303.000
Les rentes.......	4.556.000
Droits casuels....	255.950
Inscriptions dans les écoles, bre-vets, etc.......	163.800
Autres impôts....	355.480

Enregistrement .... 2.002.000 —

Papier timbré .... 1.504.500 —

Loteries..................... 280.000 —

Contributions indirectes....... 20.476.860 —

Ainsi répartis :

Droits de tonnage.	210.700
Octroi de Lisbonne	2.122.500
Droits d'exportation	380.400
Droits d'importa-tion...........	15.299.600
Droits sur le trans-port par chemin de fer.........	215.000

A Reporter... *35.283.790* milreis

Report... *35.283.790* milreis

Droits sur le vin.	106.800
Droits sur la pêche	148.100
Droits s. les alcools	400.000
— additionnels	
de douane.....	103.300
Droits sur le vin et	
la viande.......	1.114.500
Droits sur les allu-	
mettes.........	260.000
Autres droits.....	115.960

Impôts additionnels........... *1.725 800* —

Biens nationaux............. *3.640.305* —

Ainsi répartis :

Chemins de fer..	1.593.000
Postes, télégraphes	
et phares.......	1.059.000
Imprimeries de	
l'Etat..........	139.300
Caisse de recrute-	
ment.........	300.000
Autres recettes...	549.005

Recettes d'ordre.............. *3.024.562* —

Total des recettes..... 43.674.457 milreis

DÉPENSES

Liste civile et apanages.......	*525.000*	milreis
Cortès.....................	*99.270*	—
Dette flottante	*1.894.050*	—
Pensions	*1.659.751*	—
Dette publique..............	*18.063.118*	—

Ainsi répartis :

Dette consolidée..	12.352.555
Dette amortissable	5.692.758
Bureau et pensions	17.805

Perte au change	*400.000*	—
Ministère des finances	*3.148.419*	—

Ainsi répartis :

Administration générale	371.355
Administration des douanes	1.625.604
Administration locale..........	636.729
Employés adjoints	454.431
Autres dépenses ..	60.300

Ministère de l'Intérieur.......	*2,280,415*	—

A Reporter... *28.070.023* milreis

Report... *28.070.023* milreis

ainsi répartis :

Administration intérieure........	152.412
Sûreté publique ..	747.522
Santé publique...	93.093
Bienfaisance publique	330.052
Instruction publique	537.482
Bibliothèques, archives, etc., de l'Etat	266.071
Autres dépenses..	153.783

Ministère des Cultes et de la Justice .... *1,033.608* —

Ministère de la Guerre .... *5.123.656* —

Ministère de la Marine et des Colonies .... *3.542.823* —

ainsi répartis :

Marine	2.490.323
Colonies........	1.052.500

A Reporter... *37.770.110* milreis

Report... *37.770.110* milreis

Ministère des Affaires étran-

gères .... 390.210 —

Ministère des Travaux publics,

Commerce et Industrie ...... *4,639.642* —

ainsi répartis :

Administration ...	529.857
Routes	478.890
Chemins de fer...	339.850
Postes et Télégra-phes..........	953.498
Autres travaux...	981.219
Agriculture	375.277
Industrie et Com-merce	206.465
Autres dépenses..	774.586

Caisse de Dépôt et Economique. 60.465 —

DÉPENSES ORDINAIRES.......... 42.860.427 —

— EXTRAORDINAIRES..... 1.816.595 —

TOTAL DES DÉPENSES..... 44.677.022 milreis

VI

COMMERCE

VI

Commerce

Je ne puis donner sur ce chapitre que les chiffres de 1891, qui sont :

	Importations	Exportations	Réexportations et Transit
Marchandises. . .	39.529.946	21.378.330	10.493.722
Métaux précieux .	8.269.727	29.803.648	5.247.148
Totaux. . . .	47.799.673 milreis.	51.181.978 milreis.	15.740.870 milreis.

PRINCIPAUX ARTICLES DE COMMERCE

Importation

Céréales	5.015.000	milreis.
Cotonnades	2.663.000	—
Machines et instruments	2.468.000	—
Fer	2.244.000	—
Charbon	2.182.000	—
Sucre	1.876.000	—
Tissus de laine	1.638.000	—
Coton	1.591.000	—
Matériel de chemin de fer	1.351.000	—
Articles chimiques	1.264.000	—
Animaux	1.075.000	—
Bois d'ouvrage	1.040.000	—
Laine	913.000	—
Peaux et cuirs	873.000	—
Soieries	859.000	—
Riz	733.000	—
Café	586.000	—
Beurre et fromage	542.000	—

Exportation

Vin	10.122.000	milreis.
Liège	2.951.000	—

Poissons...................   1.416.000   —
Cuivre ....   1.033.000   —
Animaux ....   403.000   —
Oignons ....   288.000   —

Le commerce tend à se développer en Portugal, d'années en années. Après avoir traversé une période difficile, suscitée par l'animosité et la turbulence des agitateurs, le gouvernement portugais a fait preuve d'énergie, et abordant le péril de front, il a réduit au silence, par son attitude digne et résolue, ces meneurs, ces hommes néfastes qui ne cherchent la satisfaction de leur ambition que dans les troubles et l'anarchie.

Tout est en bonne voie, l'agitation n'étant plus à redouter à l'intérieur ; le gouvernement du Roi, soucieux des intérêts de son peuple et de la prospérité de son royaume, est décidé à favoriser toutes les tentatives des honnêtes citoyens et des hommes de bonne volonté.

VII

COLONIES

VII

Colonies

Je terminerai cet aperçu par un coup d'œil sur les colonies.

Là, encore, l'influence portugaise regagne grandement une partie de sa supériorité d'autrefois. Madère et les Açores étant réunies à la métropole, *sous le nom d'Iles adjacentes*, ne font point l'objet d'une classification spéciale, du reste, les géographes modernes les considèrent comme une dépendance de l'Europe.

Le tableau des possessions d'outre-mer répartit ainsi qu'il suit la superficie et la population :

AFRIQUE

	Kilomètres carrés	Habitants	par kil. c.
Iles du Cap Vert......	3.851	110.926	29
Guinée	37.000	?	?
Iles Saint-Thomas et du Prince..........	1.680	20.931	18
Angola	1.315.460	19.400.000	9
Afrique Occidentale ..	768.740	800.000	1

ASIE

	kilomètres carrés	Habitants	par kil. c.
Inde	3.658	514.169	141
Macao	12	67.036	?
Timor et Kambing ...	16.300	300.000	18

En répartissant d'une façon plus étudiée les charges fiscales, il est à peu près sûr qu'on retirera des îles du cap Vert des bénéfices appréciables.

Ces îles sont appelées à un grand avenir ; Saint-Vincent, avec ses immenses dépôts de charbons, est, dans ces parages, le rendez-vous de toutes les marines.

Les îles de Brava, de Foya, de Saint-Antoine, sont d'une fertilité étonnante. Santiago est une ville de 45,000 habitants ; maintenant, le sol n'attend que des bras pour cultiver sa richesse.

Quoique jouissant d'un climat moins sain, les îles de Saint-Thomas et du Prince, ont attiré l'attention du Gouvernement et du public. A Saint-Thomas, qui ne mesure pas moins de 900 kilomètres et possède une population d'une vingtaine de mille habitants, des essais heureux de plantation de quinquina ont été d'un effet salutaire.

Saint-Paul de Loanda, ville de 8,000 habitants, port, au fond de la baie de Benga, est le lieu d'exil du Portugal et le chef-lieu des établissements Portugais de la province d'Angola. Cette ville fait un grand commerce avec le Brésil et l'intérieur, par deux voies de communication allant au N.-E. sur San-Salvador et le Congo, à l'Est sur Pongo, Andonga et Cassange.

Le Mozambique, qui occupe sur la côte orientale d'Afrique, le long de la mer des Indes, une bande de territoire qui s'étend sur une longueur de 2,000 kilomètres, de l'embouchure de la Rovuma à la baie de Delagoa, en face de Madagascar, a fait beaucoup de progrès depuis quelques années.

Les villes se peuplent, l'exportation augmente.

Derrière le littoral se sont formées des agglomérations exploitant une contrée riche à laquelle les villes portugaises de la côte servent de déversoirs.

Les circonstances viennent d'elles-mêmes favoriser la prospérité de ces colonies ; elles ne peuvent donc manquer de donner d'excellents résultats avant peu.

La Guinée portugaise touche par trois côtés les possessions françaises : la Casamance, le Fonta-Djallon et les rivières du Sud ; elle forme un territoire de 42,000 kilomètres carrés, plus un grand nombre d'îles et l'archipel des Bissagos ; c'est une colonie d'avenir.

D'ailleurs, quatre siècles d'occupation ont permis de se rendre compte des inépuisables ressources de ce beau pays, qui joint à la fertilité d'un sol généreux, la variété des produits et la facilité des débouchés.

Le Congo est assurément la colonie qui se développe le plus rapidement ; son mouvement commercial, pour l'exercice 1893, se chiffre par 12 millions de francs. Douze cents kilomètres de côtes, de nombreux ports pouvant ouvrir à la petite navigation des communications avec l'intérieur, constituent un domaine suffisamment vaste pour que la Métropole y puisse développer son activité et y donner tous ses soins.

Le Congo portugais est riche en produits variés. Le résultat le plus appréciable de l'influence portugaise, est d'être parvenu à inculquer aux indigènes le goût du commerce et du trafic.

Des agglomérations d'indigènes se sont formées dans le but de profiter des relations commerciales avec les blancs ; ces réunions d'hommes sont, dès à présent, autant de centres d'exploitation qui prospèreront sous l'impulsion du mouvement actuel.

Une nouvelle compagnie vient d'obtenir la concession d'un vaste territoire s'étendant sur la côte occidentale d'Afrique, dans le district de Mossamédès. Cette société s'est constituée en vue de développer l'agriculture, l'industrie minière et le commerce ; ce n'est pas la place qui lui manquera, car jamais le gouvernement n'accorda de concession plus vaste que celle-ci, qui s'étend sur tout le territoire compris depuis le Zambèze jusqu'au point de la côte situé vers le 1er degré de latitude Sud.

Les Portugais, dont la qualité dominante, avons-nous dit, est l'activité, se sont pénétrés de l'idée que l'initiative personnelle ne doit jamais ni s'arrêter, ni être entravée, mais au contraire tendre par un effort de tous les instants et une préoccupation constante, au développement du commerce et de l'industrie, à la mise en valeur de toutes les ressources de ces pays si riches dont ils ont été les premiers colons ; car n'oublions pas qu'ils furent les premiers à sillonner la mer de leurs caravelles et que, les premiers, ils osèrent s'éloigner des côtes pour s'aventurer à la recherche de l'inconnu.

VIII

CONCLUSION

VIII

Conclusion

Des esprits turbulents, des mécontents, on en
trouve toujours, ont cherché, paraît-il, à fomenter
des troubles pour protester contre la clôture des
Chambres.

Leur excitation malveillante s'est heurtée au
bons sens d'un peuple sage, ennemi des mau-
vaises querelles ; ces agitateurs se sont appliqués
alors à répandre à l'étranger de fausses nou-
velles sur la situation intérieure du Portugal ;
là encore ils ont échoué, les peuples voisins
sont trop occupés de leurs propres affaires pour
accorder quelque attention à des racontars qui

ressemblent fort à des propos de gens malinten-
tionnés.

Il n'y a donc eu ni trouble ni même d'inquié-
tude.

Sa Magesté le Roi Carlos Ier a montré jusqu'ici une attitude ferme sans raideur, et éner-
gique sans excès ; il veut le bien de son peuple ;
c'est son bonheur à lui et celui de ses sujets.
Pénétré des devoirs qui incombent à un Souve-
rain et préoccupé des destinées de son royaume,
il voit dans un avenir plein de promesses, s'ac-
croître la prospérité de la Nation portugaise,
ayant reconquis le premier rang qu'elle occupait
jadis sous l'égide d'une sage liberté.

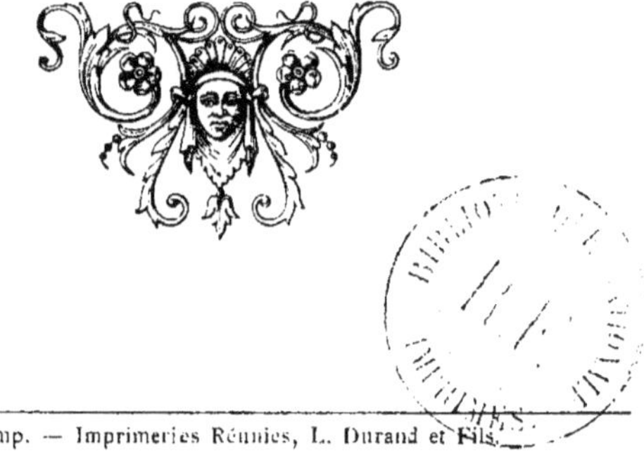

Fécamp. — Imprimeries Réunies, L. Durand et Fils.

www.ingramcontent.com/pod-product-compliance
Lightning Source LLC
LaVergne TN
LVHW021804170726
843503LV00007B/3019